Barry St. Clair / Lothar Jung / Markus Wäsch

Jesus Starter Kit

Einsteigerkurs für ein Leben in der Nachfolge

EIN WORT ZUVOR

Jetzt, wo du Jesus in dein Leben aufgenommen hast, beginnt für dich ein aufregendes Abenteuer, das dein Leben positiv berühren wird – jetzt und immer.

Was ist bei diesem Neubeginn Gottes Wunsch für dein Leben? Der Apostel Paulus hat es gut beschrieben: *»Wie ihr nun den Christus Jesus, den Herrn, empfangen habt, so wandelt in ihm, gewurzelt und auferbaut in ihm und gefestigt im Glauben, wie ihr gelehrt worden seid, indem ihr überreich seid in Danksagung«* (Kolosser 2,6-7).

Meine Gebete begleiten dich, der du das große Abenteuer beginnst, Jesus kennenzulernen.

Bitte beachte: Um das »Jesus Starter Kit« einfach und einheitlich zu machen, wird durchweg das Pronomen »er« verwendet, anstatt »sie« oder »er/sie«. Dies ist in keiner Weise beleidigend gegen Frauen gedacht!

BESONDERER DANK

An Bill Jones, Keith Naylor und Chris Frear, die mit mir an diesem Projekt gearbeitet haben.

An all die besonderen Menschen, die mir erlaubt haben, die Wahrheiten dieses Buches an ihnen zu erleben.

An Kim Doud und Ralph Rowland, die mir freundlicherweise gestattet haben, das Konzept und einen Teil des Inhalts ihres Materials PLUGGING INTO GOD zu verwenden.

Barry St. Clair / Lothar Jung / Markus Wäsch

Jesus Starter Kit

Einsteigerkurs für ein Leben in der Nachfolge

Bibelzitate nach der Revidierten Elberfelder Übersetzung
R. Brockhaus Verlag, Wuppertal und Basel

CD ROM mit Kurzpredigten von Markus Wäsch
siehe hintere Umschlag-Innenseite

Impressum

St. Clair, Barry / Jung, Lothar / Wäsch, Markus
Jesus Starter Kit
Einsteigerkurs für ein Leben in der Nachfolge

ISBN 978-3-89436-611-7

Titel des amerikanischen Original
Getting started

Christliche Verlagsgesellschaft mbH, Dillenburg
www.cv-dillenburg.de
Übersetzung: Anika Bardos, Berlin
Satz: CV Dillenburg
Umschlaggestaltung: KerkmannDesignBüro, Wuppertal
Druck: CPI Moravia, Pohorelice

Printed in Czech Republik

Was vor uns liegt

Wie man mit diesem Buch arbeitet

Allein. Du kannst dieses Buch allein durcharbeiten. Wenn du das machst, erzähl mindestens einem Menschen, was du dabei entdeckst.

Eins zu eins. Du kannst dich mit dem Freund treffen, der dich zu Christus geführt hat, ihr könnt euch mindestens einmal in der Woche treffen, um zusammen zu wachsen.

Gruppenarbeit. Du kannst dieses Buch mit einer Gruppe bearbeiten. Die Gruppe sollte sich sechs Mal treffen. Ihr könnt euch mehr als einmal in der Woche treffen, wenn ihr wollt.

Praktische Tipps

Wie du das meiste aus diesem Buch herausholen kannst:

Beginne jeden Schritt mit einem Gebet.
Bitte Gott, mit dir zu sprechen.
Bete für die Bedürfnisse des anderen.

Benutze eine Bibel.
Arbeite dich durch die Schritte.
Schlag die Bibelverse nach.

Überleg dir die Antworten.
Schreib die Antworten auf.
Notier dir Fragen, die aufkommen.
Lern den angegebenen Vers.

Höre dir die Kurzpredigt auf CD an.

Wende jedes Bibelstudium auf dein Leben an. Lebe das, was du lernst. Sei Gott gehorsam in deinen Beziehungen, deiner Einstellung, deinen Taten. Sprich über diese Themen mit anderen Gläubigen, die dich ermutigen und dir raten können.

Schritt 1

Was ist passiert, als ich Christus angenommen habe?

Mit welchem Menschen bist du am liebsten zusammen? Warum bist du dieser Person so nah? Weil ihr euch mögt und euch gut kennt. Je besser du jemanden kennst und je mehr du ihn magst, umso sicherer fühlst du dich mit ihr. Aber du musstest diese Person treffen und dann Zeit mit ihm verbringen, um sie kennenzulernen.

Als du Jesus Christus in dein Leben aufgenommen hast, bist du ihn zum ersten Mal begegnet. Jetzt hast du das Privileg, ihn kennenzulernen. Je mehr Zeit du mit ihm verbringst, umso besser wirst du ihn kennenlernen – wie bei jeder anderen Person – und umso sicherer wirst du dich bei ihm fühlen. Du solltest in deiner neuen Beziehung mit Jesus Vertrauen gewinnen.

Der erste Schritt, Jesus besser kennenzulernen ist, eure Beziehung zu verstehen. Bei den wichtigen Fragen, die du unten beantwortest, geht es darum, was nach deiner Ansicht nach mit dir passiert ist, als du Jesus angenommen hast.

Was hat Jesus für dich getan, als du ihn angenommen hast?

___

Inwiefern bist du anders, seitdem du Christus in dein Leben aufgenommen hast?

___

Wie kannst du sicher sein, dass Jesus in dir lebt?

___

Was empfindest du dabei?

___

___

___

Nun lass uns nachsehen, wie Gott diese Fragen in der Bibel beantwortet. Bevor du die vorgegebenen Antworten liest, schreib in deinen eigenen Worten auf, was du entdeckst.

Was hat Jesus für dich getan, als du ihn angenommen hast? Lies Johannes 1,12.

Als du Jesus gebeten hast, in dein Leben zu kommen, bist du ein Kind Gottes geworden. Du kannst eine enge Beziehung mit Gott erleben, die nur ein Kind Gottes haben kann. Aber deine Beziehung zu Gott ist noch enger als eine Vater/Kind Beziehung, weil Jesus tatsächlich in dir lebt. Du lebst in seiner ständigen Gemeinschaft.

Was unterscheidet dich von jemandem, der Christus nicht angenommen hat? Lies 2. Korinther 5,17.

Von dem Augenblick an, wo du Christus angenommen hast, bist du ein vollkommen neuer Mensch geworden. Vielleicht siehst du aus wie immer, fühlst und verhältst dich sogar wie immer, aber die Bibel sagt, dass du vollkommen neu und anders bist. Deine alten, selbstsüchtigen Wünsche und Einstellungen werden durch neue, christus-ähnliche Wünschen und Einstellungen ersetzt. Welche Veränderungen siehst du schon jetzt in deinem Leben? (Dies ist eine gute Frage, die du dir jede Woche stellen solltest.)

Wie kannst du sicher sein, dass Jesus in deinem Leben ist? Lies 1. Johannes 5,11-13.

Seit du Jesus angenommen hast, hast du den Sohn und du hast Leben. Darauf kannst du vertrauen, weil Gott es versprochen hat. Dein Vertrauen gilt nicht dir, sondern Jesus Christus.

Wie wichtig sind deine Gefühle? Lies Johannes 10,27-30.

Du hast das aufregendste Abenteuer begonnen, das ein Mensch erleben kann – eine persönliche Beziehung zu Jesus. Er möchte, dass du ihn kennst und Freude an ihm hast. Er wird dich führen, beschützen und dir helfen, in deinen Beziehungen zu wachsen. Deine einzige Verantwortung ist, Zeit mit ihm zu verbringen, ihm zu vertrauen und ihm zu gehorchen. Du magst aufgeregt sein oder dich genauso wie immer fühlen. Was auch immer, sei unbesorgt.

Gefühle sind trügerisch. Deine Gefühle werden steigen und fallen. Aber dein Glaube beruht auf Fakten. Anstatt dich also auf deine Gefühle zu verlassen, musst du dich auf die Tatsachen und Verheißungen der Bibel verlassen. Egal wie du dich fühlst, Christus wird dir immer treu bleiben.

Mach jetzt eine kurze Pause und danke Jesus für das, was er für dich und deine neue Beziehung zu ihm getan hat.

Fasse dein Gebet hier zusammen:

Anwendung
Lies noch einmal alle deine Antworten und schreib alle Fragen auf, die sich beim Durcharbeiten gestellt haben.

Zähl die drei wichtigsten Gebiete deines Lebens auf (Eltern, Studium, Freunde, Sport etc.). Beschreib, wie deine neue Beziehung zu Christus in jedem Gebiet eine Veränderung bewirkt.

1. ______________________________

____

____

2. ______________________________

____

____

3. ______________________________

____

____

Lernvers:
1. Johannes 5,12

»Wer den Sohn hat, hat das Leben; wer den Sohn Gottes nicht hat, hat das Leben nicht.«

Höre dir die Kurzpredigt auf CD an.

GEBETSINFO:
» Beten heißt, einfach mit Gott zu sprechen. Mach dir keine Sorgen, die »perfekten« Worte zu sagen. Gott liegt mehr an deiner Einstellung als an deinen Worten.. «

SCHRITT 2
Wie kommuniziere ich mit Gott?

Das schnellste körperliche Wachstum erlebt ein Mensch in seiner Jugend. Genauso wie sich körperliches Wachstum beschleunigt, kann sich auch geistliches Wachstum beschleunigen. Wie kannst du wachsen? Du wirst wachsen, indem du lernst, mit Gott zu kommunizieren. Das bedeutet zu lernen, wie du Gott zuhören und mit ihm sprechen kannst.

Hör Jesus zu
Jesus möchte mit dir kommunizieren. Er hat den Heiligen Geist gesandt, damit er in dir leben kann und damit du hören kannst, was er zu sagen hat. Was will Gott zu dir durch den Heiligen Geist sagen?

Johannes 14,15-17 ____________________

Johannes 14,26 ____________________

Johannes 16,13 ____________________

Gott möchte, dass du ihn durch die Bibel reden hörst.
Wie wertvoll ist es, Gott zuzuhören, indem du die Bibel liest?
Lies Psalm 1,1-3.

____

____

Wenn du die Bibel täglich liest und anwendest, was sie lehrt, wird sich dein Leben verändern. Folge diesen einfachen Vorschlägen zum Lesen der Bibel.

- Bete und bitte Jesus, dir zu helfen, die Bibel zu verstehen und anzuwenden.
- Lies jeden Tag ein Kapitel in einer guten Übersetzung. Beginne mit dem Evangelium des Markus.

- Wähle aus dem Kapitel den Vers, der für dich am Wichtigsten ist und schreibe ihn in deinen eigenen Worten auf.

Sprich mit Jesus

Du kannst jederzeit und überall mit Jesus sprechen. Aber damit es ein vertrauliches Gespräch wird, ist es wichtig, dass ihr allein Zeit zusammen verbringt. Du kannst Jesus erzählen, wie du dich fühlst und was du denkst. Da Gott sowieso weiß, was in dir und deinem Herzen vorgeht, kannst du vollkommen ehrlich zu ihm sein.

Welche Hinweise für ein Gespräch mit Gott findest du in den folgenden Versen?

Markus 1,35 ____________________

Johannes 15,7 ____________________

Philipper 4,6-7 ____________________

1. Johannes 5,14-15 ____________________

Wenn du täglich betest, wirst du lernen, mit Gott zu sprechen. Folge diesem einfachen Vorschlag, der dir helfen wird, auf sinnvolle Weise mit Gott zu sprechen.

Anbetung – Nenne Gott eine seiner Charaktereigenschaften, die du magst. Lies einen Psalm.

Bekenntnis – Bekenne Gott deine Sünden. Sei ehrlich. Nimm dann sein Versprechen der Vergebung aus 1. Johannes 1,9 in Anspruch.

Dank – Erstelle eine Liste von mehreren Dingen, für die du dankbar bist.

Fürbitte – Bete für andere Menschen. Beginne bei deiner Familie und deinen Freunden.

Diese »Wege zu beten« werden dir helfen, zu erkennen, was Gott zu dir sagt und was du zu ihm sagen solltest. Wenn du täglich diese »Wege zu beten« durchgehst, schreib deine Gedanken auf.

Anwendung
Such dir für jeden Tag eine Zeit zum Bibellesen und Beten. Finde eine Zeit, wo du mit Gott allein sein kannst.

Zeit: ______________________________

Entscheide dich für einen Ort, wo du nicht gestört wirst.

Ort: ______________________________

Notiere die Tage in dieser Woche, an denen du Gott begegnest.

Lernvers:
1. Johannes 5,13-14

Dies habe ich euch geschrieben, damit ihr wisst, dass ihr ewiges Leben habt, die ihr an den Namen des Sohnes glaubt. Und dies ist die Zuversicht, die wir zu ihm haben, dass er uns hört, wenn wir etwas nach seinem Willen bitten.

- [ ] Sonntag
- [ ] Montag
- [ ] Dienstag
- [ ] Mittwoch
- [ ] Donnerstag
- [ ] Freitag
- [ ] Samstag

Höre dir die Kurzpredigt auf CD an.

Schritt 3
Wie sage ich es den anderen?

Manchmal ist es am schwersten, den Menschen, die einem am nächsten stehen, etwas Entscheidendes und Wichtiges zu erzählen. Das ist meistens deswegen, weil du unbedingt möchtest, dass die Person dich versteht, und du Angst hast, dass sie das nicht tun wird. Offen und positiv zu kommunizieren – vor allem mit deinen Eltern und Freunden – ist das Beste, was du tun kannst. Aber nicht alle Eltern und Freunde werden gleich reagieren.

Prüfe die Aussagen, die am besten die Reaktion deiner Eltern und Freunde auf deine neue Beziehung zu Jesus wiedergeben, oder wie sie deiner Ansicht nach sein könnte.

Eltern / Freunde

❑ ❑ »Wir freuen uns mit dir.«

❑ ❑ »Es ist dein Leben.«

❑ ❑ »Wir verstehen das nicht.«

❑ ❑ »Das ist das Lächerlichste, was wir je gehört haben.«

Egal, wie deine Eltern und deine Freunde auf deine Entscheidung Jesus nachzufolgen reagieren, du musst sie lieben und Jesus gehorchen. Wie aber kannst du beides ganz praktisch tun?

Was sage ich meinen Eltern?
Schätze deine Beziehung zu deinen Eltern auf eine Skala von 1 bis 10 ein:

Sehr schlecht 1 2 3 4 5 6 7 8 9 10 **sehr gut**

Egal wie die Qualität deiner Beziehung zu ihnen ist, deine Eltern sind in deinem Leben sehr wichtige Personen. Da die neue Beziehung zu Jesus dein Leben verändern wird, müssen deine Eltern von deiner Entscheidung Jesus nachzufolgen erfahren. Wie kannst du ihnen das am besten verständlich machen?

Erkenne die Autorität deiner Eltern über dich an. Wie kannst du angemessen auf deine Eltern reagieren, auch wenn sie gegen deine Entscheidung sind, Jesus nachzufolgen? Was wird das Ergebnis sein?

Lies Epheser 6,1-3. ______________________________

____

Rede mit deinen Eltern. Sprich offen mit ihnen darüber, was Jesus für dich bedeutet, aber diskutiere nicht oder zwinge ihnen deinen Glauben an Jesus nicht auf. Wie kannst du das tun?

Lies Epheser 4,15. ______________________________

____

Erwirb dir das Vertrauen deiner Eltern. Lebe zu Hause wie ein Christ, indem du deine Eltern liebst und ihnen völlig gehorchst. Dann werden sie dir vertrauen und den positiven Effekt deiner Beziehung zu Jesus sehen. Wie kannst du das tun?

Lies Epheser 5,29-32. ______________________________

____

Erkenne die Bedürfnisse deiner Eltern. Anstatt an deine eigenen Bedürfnisse zu denken, suche nach Wegen, den Bedürfnissen deiner Eltern entgegen zu kommen.

Lies Philipper 2,3-4. ______________________________

____

Deine Eltern werden dich genau beobachten, ob deine Entscheidung Jesus nachzufolgen wieder nur eine »Phase« ist, die du grad durchmachst, oder etwas Echtes und Bleibendes. Sei kein »Ein-Wochen-Wunder«. Zeig ihnen, dass die Anwesenheit Christi in deinem Leben etwas Dauerhaftes ist. Versuch nicht, vollkommen zu sein, aber gehorche Jesus und gehe liebevoll und ehrlich mit deinen Eltern um.

Was sage ich meinen Freunden?
Denk an deine drei besten Freunde. Wie glaubst du, wird die Reaktion eines jeden sein?

Name	Reaktion

Deine Freunde werden vermutlich eine der drei Reaktionen zeigen, dass du Jesus angenommen hast.

Verteidigung
Die Verteidiger sagen so etwas wie: »Hey, Jesus mag gut für dich sein, aber ich bin nicht so schlecht. Ich brauche das nicht.« Die Nachfolger Jesu haben die gleiche Reaktion erlebt. Wie hat sich der Freund des Philippus verteidigt, Nathanael, als er Jesus begegnet ist? **Lies Johannes 1, 43-49.**

Wie hat Philippus die Vorbehalte von Nathanael überwunden? Philippus versuchte nicht, zu diskutieren oder Nathanael zu zwingen, etwas zu tun, was er nicht wollte. Er lud Nathanael einfach ein: *»Komm und sieh!«* Ab da hat Jesus übernommen. Du kannst die gleiche Reaktion auf deine ablehnenden Freunde anwenden. Anstatt zu diskutieren, lade sie ein, sich ernsthaft mit Jesus Christus zu befassen.

Verlassen
Du musst damit rechnen, dass einige Freunde dich verlassen, weil sie denken, dass du ein »seltsamer Freak« geworden bist. Sie reagieren so aus Furcht, Schuldgefühlen, früheren Erfahrungen, Engstirnigkeit. Du magst dich von deinen Freunden abgewiesen fühlen. Sogar Jesus wurde abgewiesen. Hunderte von Jahren bevor Jesus geboren wurde, schrieb der Prophet Jesaja, wie Jesus behandelt werden würde. Was passierte, als er zurückgewiesen wurde? **Lies Jesaja 53,3-5.**

Wie hat Jesus reagiert, als die Menschen ihn abgewiesen haben?
Lies 1. Petrus 2,23.

Auch wenn deine Freunde vielleicht nicht über Jesus sprechen wollen, liebe sie, bete für sie und hör nicht auf, mit ihnen zu reden. Lebe, um Jesus zu gefallen, nicht deinen Freunden. Wer weiß? Mit der Zeit ändern sie vielleicht ihre Meinung und finden zu Jesus.

Entscheidung
Für jeden Menschen, der seine Lebensweise verteidigt oder dich verlässt, wirst du andere treffen, die vielleicht sagen: »Ich habe eine Menge Fragen zu Jesus. Können wir noch mehr darüber sprechen?« Viele deiner Freunde wollen mehr über Gott erfahren, wissen aber nicht, wen sie fragen können. Die folgenden Vorschläge werden dir helfen, mit deinen Freunden zu reden.

Sei nicht menschengefällig. Der Apostel Paulus beschreibt den Konflikt zwischen dem Versuch, deinen Freunden zu gefallen und Gott zu gefallen.
Lies Galater 1,10. Erklär es in deinen eigenen Worten.

Lebe, um Jesus zu gefallen; aber verbringe dennoch Zeit mit deinen Freunden. Was passiert, wenn du beides tust?
Lies 1. Thessalonicher 1,5.

Liebe deine Freunde. Wie sehr solltest du sie lieben?
Lies Johannes 15,12.

Verlass dich auf den Heiligen Geist, dass er deine Freunde erreicht. Was wird das Ergebnis sein, wenn du das tust?

Powergedanke:
„Egal, wie deine Eltern reagieren, Gott kann ihre Reaktion dazu benutzen, damit du wächst."

Lies 1. Korinther 2,4-5

Erzähle mutig die Botschaft von Jesus deinen Freunden. Auch wenn es allein der Heilige Geist ist, der deine Freunde davon überzeugen kann, Jesus nachzufolgen, möchte Gott, dass du ihnen das Evangelium erzählst. Wie macht Gott das?
Lies Römer 1,16.

Keiner hat mehr Möglichkeiten, deine Freunde zu erreichen als du. Bitte Gott, dich zu gebrauchen, damit deine Freunde ihn durch dich kennenlernen.

Anwendung
Schreib auf, was du deinen Eltern über deine Beziehung zu Christus erzählen willst.

Bete und plane einen Moment, wo du deinen Eltern von deiner Entscheidung erzählst, Jesus zu folgen. Wann?

Schreibe auf, welche Gewohnheiten und welches Verhalten Jesus in deinem Leben ändern soll, damit du die Liebe Christi besser zu Hause zeigen kannst.

____

Schreibe die Namen von drei Freunden auf, die Jesus kennenlernen sollen. Was willst du jeden Tag für sie beten?

Name	Gebet
____________	______________________
____________	______________________
____________	______________________

Konzentriere dich auf den Freund, von dem du denkst, dass er am meisten dazu bereit ist, über Christus zu sprechen. Überleg dir eine spezielle Sache, die du diese Woche für diese Person tun kannst.

Geh mit deinem Freund die ***»Jesus-Basics«*** am Ende dieses Buches (Seite 55) durch. Das wird dir helfen, ihm das Evangelium zu erklären.

Lernvers: Römer 1,16

»Denn ich schäme mich des Evangeliums nicht, ist es doch Gottes Kraft zum Heil jedem Glaubenden, sowohl dem Juden zuerst als auch dem Griechen.«

Höre dir die Kurzpredigt auf CD an.

Powertipp:
„ Identifiziere dich mit Jesus Christus, wenn du mit deinen Freunden zusammen bist. Sage laut: »Ich gehöre zu Jesus Christus.« “

SCHRITT 4

Wie kann ich Teil davon werden?

Wenn du an die Gemeinde denkst, woran denkst du da? Wähle eine oder mehrere der folgenden Aussagen:

- ❑ Ich langweile mich.
- ❑ Ich würde lieber Fußball spielen
- ❑ Ich bin noch nie da gewesen.
- ❑ Ich mag das.
- ❑ Ich muss mich herausputzen.
- ❑ Ich habe dort viele Freunde.
- ❑ Ich sitze dort die Zeit ab.
- ❑ Ich gehe nur zu Ostern und an Weihnachten.

Ein Holzscheit brennt so lange, wie er im Feuer bleibt. Aber wenn er aus dem Feuer herausgenommen wird, verkohlt er und brennt sich aus. Wenn wir mit anderen Gläubigen zusammenkommen, hält uns das für Christus brennend.

Bisher habe ich noch nicht eine Person gefunden, die eine wachsende Beziehung zu Jesus Christus hat und nicht Teil einer gesunden Familie von Gläubigen ist.

Darum hat Gott die Gemeinde so erschaffen, wie er es getan hat. Beschreibe das Bild der Gemeinde in diesen Versen in einem Wort.

Römer 12,4-5 ______________________________

Epheser 2,19-21 ______________________________

Epheser 5,25-27 ______________________________

Wenn du dich regelmäßig mit anderen Gläubigen in der örtlichen Gemeinde triffst, hilft dir die Gemeinde in bestimmten Dingen und in anderen Sachen hilfst du der Gemeinde.

Lass dir von anderen helfen

Du wirst schnell merken, dass du Jesus besser kennenlernen kannst, wenn du von anderen lernst, die ihn kennen. Andere Gläubige werden dich ermutigen und dir helfen, geistlich zu wachsen.

Was sagen dir die folgenden Verse über die Wichtigkeit, mit anderen Gläubigen zusammenzukommen?

Prediger 4,9-10 ______________________________

1. Thessalonicher 5,11 ______________________________

Hebräer 10, 24-25 ______________________________

Wenn du dich mit anderen Christen anfreundest, kann es sein, dass dir das zunächst ungewohnt ist. Aber sie können deinen Glauben stärken und dir dabei helfen, zu wachsen.

Engagiere dich in einer Gemeinde, die …

- offen ihren Wunsch bekennt, Christus besser kennenzulernen.
- dich lehrt, wie du Jesus nachfolgen kannst.
- eine geistlich starke Jugendarbeit hat.
- ein persönliches Interesse an deinem geistlichen Leben hat.

Überleg dir, wie deine Gemeinde dir helfen kann.

____

Powergedanke:

»Die Gemeinde ist keine Organisation, sondern ein Organismus.«

Du hilfst anderen
Gläubige nehmen am Leben anderer teil. Du hast das besondere Privileg, anderen zu helfen.

Lies Römer 12,9-16 und schreibe auf, wie Christen miteinander in Beziehung treten können.

Wie kannst du der Gemeinde helfen?

Ungläubigen zu helfen, gehört auch zu den Aufgaben einer Gemeinde. Vermutlich bist auch du dadurch zu einem Gläubigen geworden, dass jemand dir die Hände entgegengestreckt hat.

Christen haben den Schlüssel zum Leben entdeckt – Jesus Christus zu kennen. Andere Menschen suchen nach einem Sinn des Lebens. Deswegen erzählen Gläubige anderen von Jesus.

Was sagen dir die folgenden Verse darüber, wie du anderen helfen kannst, Christus kennenzulernen?

Matthäus 4,19

Matthäus 9,36-38

Johannes 2,35-42

Anderen die gute Nachricht von Jesus Christus zu bringen ist ein außerordentliches Privileg. Du kannst ihnen sagen, wie Christus dein Leben verändert hat und wie sie ihn auch kennenlernen können.

Anwendung
Gibt es eine bibeltreue Gemeinde in deinem Ort zu der du gerne gehören möchtest?

Bitte jemanden aus dieser Gemeinde, dich diese Woche mit zu ihrer Gemeindestunde zu nehmen. Wen?

Überlege dir eine Sache, wie die Gemeinde dir helfen kann.

Überlege dir eine Sache, wie du die Gemeinde unterstützen kannst.

Lade einen Freund, der Christus nicht kennt, ein mitzugehen. Wen?

Lernvers:
Hebräer 10,24-25

»Und lasst uns aufeinander achthaben, um uns zur Liebe und zu guten Werken anzureizen, indem wir unser Zusammenkommen nicht versäumen, wie es bei einigen Sitte ist, sondern einander ermuntern, und das um so mehr, je mehr ihr den Tag herannahen seht!«

Höre dir die Kurzpredigt auf CD an.

Schritt 5
Was passiert, wenn ich versage?

Du hast Jesus Christus kennengelernt. Was aber passiert jetzt, wenn du deine Beherrschung verlierst, mit deinem kleinen Bruder streitest, deine Mutter anschreist oder Schlimmeres? Wird Jesus dich aufgeben? Was denkst du?

Lass uns nachsehen was passiert, wenn du versagst (wenn du das begehst, was die Bibel eine »Sünde« nennt). Sünde ist, als würdest du zu Gott sagen: »Ich kümmere mich auf meine Art um diese Situation.« Das ist deine natürliche Neigung. Wie hat nach **Römer 3,10-11** dieses Denken dein Leben betroffen?

Jetzt, wo du ein Kind Gottes bist, kann die Sünde deine Gemeinschaft mit Gott unterbrechen, aber nicht deine Beziehung zu ihm. Deine Beziehung zu ihm kann niemals zerbrechen. Was sagt **1. Johannes 1,5-7** über eine zerbrochene Gemeinschaft mit Gott?

Wenn du das Auto deines Vaters nimmst, obwohl er dich gebeten hat, es nicht zu tun, und gegen einen Telefonmast fährst, erzeugt diese Spannung zwischen dir und deinem Vater und die Gemeinschaft ist zeitweise unterbrochen – aber du bist immer noch sein Sohn oder seine Tochter. Jede Sünde erzeugt eine Spannung in deiner Gemeinschaft mit Gott.

Wie bekenne ich?

Wir alle haben gesündigt, bevor wir Nachfolger Jesu wurden. Und jeder von uns sündigt auch, nachdem er gläubig geworden ist. Der Unterschied ist, dass unsere Sünden jetzt in Ordnung gebracht werden, aufgrund dessen, was Jesus am Kreuz für uns getan hat. Was kannst du tun, um die Gemeinschaft mit Gott wiederherzustellen, nachdem du gesündigt hast?

Lies 1. Johannes 1,9

Was glaubst du, bedeutet »bekennen«?

Bekennen heißt, Gott zuzustimmen, dass du falsch liegst und dass du dich ehrlich ändern willst. Du gibst Gott Recht, dass du es in diesem speziellen Bereich deines Lebens »auf deine Art« tun wolltest. Dann sagst du zu Jesus: »Ich möchte mich ändern und es auf deine Art tun.«

Bekennen:
- Gott zustimmen, dass du falsch liegst.
- Gott danken, dass Jesus für deine speziellen Sünden am Kreuz gestorben ist.
- Jesus bitten, dass er sich dieses sündigen Bereiches in deinem Leben annimmt und ihn ändert.
- Schritte unternehmen, deine sündige Einstellung oder Tat zu berichtigen.

Wenn du das im Gebet sagst, heißt das noch nicht, dass du bekannt hast. Du musst den ehrlichen Wunsch haben, von dieser Sünde zu lassen.

Powergedanke:
»Christen sind nicht vollkommen, aber ihnen ist vergeben.«

Was tut Gott?
Was tut Gott, wenn du deine Sünden bekennst?

Lies Johannes 1,9

Er macht zwei Sachen:
- Gott vergibt dir jedes Mal.
- Gott vergisst deine Sünde für immer.

Wenn du deine Sünden bekennst, reinigt Gott dein Sündenregister und stellt deine Gemeinschaft mit ihm wieder her. Es ist egal, wie groß oder klein deine Sünden sind. Was du bekennst, das vergibt und vergisst Gott.

Warum? **Lies 1. Petrus 2,24.**

Du magst dich fragen, »Aber was, wenn ich mich nicht so fühle, als ob mir vergeben ist?« Bedenke, dass du Gott durch deinen Glauben vertraust, nicht durch deine Gefühle. Vergebung funktioniert genauso. Gott möchte nicht, dass du dich schuldig fühlst. Wenn du deine Sünden bekannt hast, kannst du dir sicher sein, dass Gott dir vergeben hat. Fordere Gottes Verheißung aus 1. Johannes 1,9 und wachse weiter.

Anwendung

Welche Sünden aus deinem Leben musst du Gott jetzt bekennen? Schreibe sie der Reihe nach auf ein Blatt Papier, egal wie groß oder klein die Sünden sind. Bekenne diese Sünden eine nach der anderen Gott. Danke Jesus dafür, dass er für deine Sünden am Kreuz gestorben ist. Nimm sein Versprechen in Anspruch, dass er dich reinigen und dir vergeben wird (1. Johannes 1,9). Bitte Gott, jeden dieser sündigen Bereiche deines Lebens zu nehmen und zu verändern.
Wirf das Blatt Papier weg als ein Symbol für Gottes Reinigung und Vergebung.

Lernvers:
1. Johannes 1,9

Wenn wir unsere Sünden bekennen, ist er treu und gerecht, dass er uns die Sünden vergibt und uns reinigt von jeder Ungerechtigkeit.

Höre dir die Kurzpredigt auf CD an.

Schritt 6
Wie wird sich mein Leben verändern?

Jemand hat gesagt: »Das einzig Beständige im Leben ist die Veränderung!« Zu diesem Zeitpunkt fragst du dich möglicherweise: »Wie ändert sich mein Leben dadurch, dass ich Jesus kenne?« Erkläre, wie du die Veränderung in deinem Leben empfindest. Wie hat es sich bereits verändert? Was muss sich noch verändern?

Gott wird dir weiterhin die Antworten auf diese Fragen zeigen, wenn du Zeit mit ihm verbringst. Er kann dein Leben als Ganzes sehen. Deswegen werden die Veränderungen, die er bewirkt, immer zu deinem Besten sein. Warum ist das nach **Johannes 10,10** wahr?

Innen und Außen

Leute beurteilen andere oft nach dem Äußeren – wie sie aussehen und sich verhalten. Aber wenn jemand Jesus Christus annimmt, beginnen die Veränderungen innen, nicht außen.

Du bist von innen her ein neuer Mensch, auch wenn du noch genauso aussiehst wie immer und dich vielleicht noch gleich fühlst und handelst. Als du ein Nachfolger Jesu wurdest, hat Gott dir keine Liste mit Regeln und Anweisungen gegeben – kein »Tu dies« und »Tu das«. Viele Menschen glauben, dass Christ zu sein darin besteht, eine lange Liste von Regeln zu befolgen. Aber Regeln beeinflussen nur dein äußerliches Verhalten.

Anstelle von Regeln gab Gott dir den Heiligen Geist.
Wo lebt der Heilige Geist?
Lies 1. Korinther 6,19.

Der Geist Jesu Christi – der Heilige Geist – lebt nun in dir.
Er ist die Quelle der Kraft, die dich von innen her verändern wird.
Du hast die innere Stärke, so zu leben, wie Gott es will.
Wie verändert dich der Heilige Geist?
Lies Römer 8,9-11

Geistliches Atmen
Physisch gesehen musst du atmen, um zu leben und gesund zu bleiben. Wenn du atmest, dann atmest du Kohlendioxid aus und lebenspendenden Sauerstoff ein. Geistlich gilt das Gleiche. Wenn du geistlich atmest, bekennst du deine Sünden und lässt den Heilige Geist dein Leben erfüllen und kontrollieren.

Veränderungen bewirken
Vielleicht denkst du: »Manche Dinge an mir werde ich nie ändern können. Ich mache sie einfach schon zu lange.« Du hast vollkommen Recht. Allein, aus eigener Kraft, kannst du sie nicht ändern. Aber du bist nicht mehr auf deine eigene Kraft beschränkt. Wenn du Gott bittest, dass sein Heiliger Geist in dir wirkt, wird er dir helfen, diese schwierigen Veränderungen zu machen.

Betrachte Gottes Zusage an dich in **Matthäus 19,26**.
Was bedeutet dir diese Zusage?

Wenn der Heilige Geist in dir lebt, wird dein altes Leben ersetzt. Du musst nicht mehr wie dein »altes Ich« leben.

Lies Kolosser 3,1-17 und beantworte die folgenden Fragen:

Wodurch wird eine Veränderung in deinem Leben möglich? (Vers 1)

____

Wie kannst du helfen, dein Leben zu verändern? (V. 2)

____

Was musst du mit deinem alten Leben machen? (V. 5)

____

Welche Dinge musst du *»ablegen«*? (V. 5-9)

____

Was musst du *»anziehen«*? (V. 12-17)

____

Lies Galater 5,22-23, dann mach eine Liste der Eigenschaften, die der Heilige Geist in dir hervorbringen möchte.

Während du sie aufschreibst, danke Gotte für jede Gabe, die du jetzt besitzt.

____

____

____

____

____

____

Powergedanke:
»Gottes Kraft kann alles in deinem Leben verändern.«

Anwendung
Nenne einen bestimmten Bereich in deinem Leben, den Christus verändern soll.

Was genau aus diesem Bereich musst du diese Woche *»ablegen«*? Was musst du *»anziehen«*?

Woher kommt die Kraft, etwas *»abzulegen«* und *»anzuziehen«*?

Übe während der nächsten Woche das geistliche Atmen in diesem einen Problembereich deines Lebens. Bekenne jedes Mal, wenn du sündigst und gib dem Heiligen Geist die Kontrolle über dieses Problem. Sei jedes Mal, wenn du auf dieses Problem stößt, bereit, mit dem Heiligen Geist zusammen zu arbeiten. Schreibe alle Veränderungen auf, die du in dieser Woche bemerkst – auch die kleinen.

Lernvers:
Epheser 5,18

Und berauscht euch nicht mit Wein, worin Ausschweifung ist, sondern werdet voller Geist.

Höre dir die Kurzpredigt auf CD an.

Weitergehen

Jetzt, wo du dein Leben mit Jesus Christus begonnen hast, musst du weiterwachsen, damit du ihn besser und besser kennenlernen kannst. Triff dich mit einer Gruppe Freunden und arbeite die »Jüngerschaftskurse für junge Leute« durch. Bearbeitet nacheinander jedes Buch:

»Jesus nachfolgen« schafft eine Grundlage für eine starke Beziehung mit Jesus Christus. Es zeigt, wie man eine Beziehung zu Jesus Christus aufbaut; es zeigt Gottes Zweck und einzigartigen Plan für jeden Menschen, Gott und andere zu lieben und Gottes Willen zu entdecken.
ISBN 978-3-89436-168-6

»Zeit mit Gott verbringen« hilft Jugendlichen durch ein hingegebenes Leben eine beständige Gemeinschaft mit Christus zu entwickeln. Jugendliche entdecken, wie sie eine intime tägliche Beziehung mit Jesus Christus haben können, durch Bibelstudium, Bibelverse lernen, Anbetung und Gebet.
ISBN 978-3-89436-190-7

»Jesus – mein Herr« fordert Jugendliche heraus, Jesus zu gehorchen und ihm die Kontrolle in den Problemen zu geben, denen sie täglich gegenüberstehen. Sie entdecken, wie der Vater, der Sohn und der Heilige Geist ihr Leben in Themen wie Freundschaft, Sex, Besitz, Eltern, Einstellungen und Gewohnheiten verändern. ISBN 978-3-89436-191-4

»Meinen Glauben weitergeben« leitet Jugendliche an, Christus den Freunden weiterzusagen. Indem man Beziehungen aufbaut, Gespräche über Christus anfängt, seine Geschichte und die gute Nachricht erzählt, bauen die Jugendlichen Selbstvertrauen auf, um sich auch in ihrem Reden mit Christus zu identifizieren. ISBN 978-3-89436-192-1

»Meine Umwelt beeinflussen« bereitet Jugendliche darauf vor, Leiter in der Gemeinde und in der Schule zu werden. Die Jugendlichen erleben die Herausforderung, Menschen zu sehen, die ihre Hilfe brauchen, von sich selbst etwas zu geben, sich um Leute zu kümmern und Jünger zu machen.
ISBN 978-3-89436-193-8

»Meet Jesus« ist ein Kurs, der über 40 Tage hilft, täglich Zeit mit Gott zu verbringen. Es geht darin um das Leben Jesu: Geburt, Leben und Dienst, Tod und Auferstehung. Der Kurs hilft dabei, Jesus so kennenzulernen, wie er wirklich war – und nicht wie man ihn sich vorstellt oder gerne hätte.
ISBN 978-3-89436-519-4

Du kannst diese Bücher in jeder **Buchhandlung** bestellen.

WIE MAN MIT EINEM FREUND DAS »JESUS STARTER KIT« DURCHARBEITET

Befolge diese Schritte, um mit einem Freund das *»Jesus Starter Kit«* durchzuarbeiten:

- Bearbeite den Anhang »Jesus - keiner wie er«. Überzeuge dich davon, dass dein Freund Jesus Christus angenommen hat.
- Sag ihm, dass du ihm helfen möchtest, in seiner neuen Beziehung mit Jesus zu wachsen. Lest zusammen Kolosser 2,6-7. Verwende das Bild eines Gartens: »Nimm an, du hast gerade einen Garten gepflanzt. Was würde passieren, wenn du ihn nie gießen, Unkraut jäten oder düngen würdest? Aber wenn du ihn gießt, Unkraut jätest und düngst, wird er wachsen. Das Gleiche gilt für deine Beziehung mit Christus.« Bitte ihn, für die nächsten sechs Wochen einmal wöchentlich mit dem »Jesus Starter Kit« zu arbeiten. Sag ihm, dass ihr zusammen daran arbeiten werdet, aber dass es etwas Anstrengung von seiner Seite erfordert.
- Zeig deinem Freund das *»Jesus Starter Kit«*. Geht die sechs Themen des Buches durch (siehe »Was vor uns liegt«). Sag ihm, dass ihr darüber diskutieren werdet. Vereinbart einen Ort und eine Zeit für ein Treffen. Denk daran, ihn vorher anzurufen und daran zu erinnern.

Sich über die Schritte unterhalten
Um das »Jesus Starter Kit« am effektivsten zu nutzen, müssen neue Gläubige sich mit einem reiferen Christen – das bist du – über die Themen unterhalten, die sie lernen sollen. Über Bibelverse und Antworten zu sprechen wird deinem Freund helfen, geistlich zu wachsen. Diese Grundsätze werden dir helfen, einem neuen Gläubigen den Anfang zu erleichtern:

Sag ihm WAS. Sag ihm das Ziel der Sitzungen und was er wissen sollte, wenn er sie bearbeitet hat.

Sag ihm WARUM. Gründet eure Gespräche auf der Heiligen Schrift. Erzähle deine Erfahrung mit Christus.

Zeig ihm WIE. Verwende praktische Bilder und Hilfsmittel, um das Konzept dieses Buches zu erläutern. Zeig ihm zum Beispiel, was du tust, wenn du die Bibel liest und betest.

Hilf ihm anzufangen. Bearbeite die Schritte mit ihm. Triff dich mit ihm, um zusammen an den Aufgaben zu arbeiten. Überzeuge dich davon, dass ihr beide sie einzeln macht, bevor ihr euch trefft, um darüber zu sprechen.

Hilf ihm weiterzumachen. Geh nicht davon aus, dass dein Freund, wenn er die erste Lektion gemacht hat, auch die folgenden macht. Oder wenn er etwas erfolgreich anfängt, auch wirklich weitermacht. Ermutige ihn.

Gib es weiter. Hilf ihm, das an andere weiterzugeben, was er über Jesus Christus lernt, indem er zunächst anderen von Jesus erzählt und dann lernt, wie man anderen neuen Gläubigen hilft zu wachsen. Das macht ihn sein Leben lang fruchtbar.

Folge diesem Plan

Folge diesem Plan, um das meiste aus den Gesprächen herauszuholen.

- Verbringt ein paar Minuten damit, einander aus dem persönlichen Leben zu erzählen.
- Geht die Lektionen durch und beantwortet jede Frage. Schlagt jeden Bibelvers nach und redet darüber.
- Sprecht ausgiebig über den Abschnitt *Anwendung*. Hilf ihm, in der Anwendung konkret zu sein.
- Geht zusammen den Lernvers durch.
  Hier ein paar Tipps zum Auswendiglernen:
  - Lies das Thema des Schrittes und die Bibelstellenangabe am Anfang und Ende des Verses.
  - Lerne einen Teil des Verses und wiederhole ihn, bis du ihn kannst. Dann sag den nächsten Teil auf.
  - Wiederhole diesen Vers in dieser Woche täglich.
  - Betet füreinander. Frag ihn, was seine Bedürfnisse sind, dann sag ihm deine.

Für deinen Freund beten

- Bete, dass er vor Satan und der Welt bewahrt bleibt.
- Bete, dass er wächst und ein reifer Gläubiger wird.
- Bete, dass er jede Lektion versteht und Gott vollkommen gehorcht, indem er sie auf sein Leben anwendet.
- Bete für seine besonderen Anliegen.

Powertipp:
„Du kannst deinem neuen christlichen Freund am besten durch Beten helfen!“

LOTHAR JUNG

Bibelleseplan zum Markusevangelium

Lies es - Gottes Wort! Mach es täglich! Bibellesen, das ist d i e lebenswichtige Nahrung für deine Seele. Das bringt dich vorwärts im Glauben.

Bevor du liest, nimm dir einen Augenblick Zeit zum Gebet. Danke Gott für sein Wort und bitte ihn, dass er zu dir redet. Lies konzentriert und rechne damit, dass Gott dir seinen Willen zu erkennen gibt. Und sei nicht nur Hörer des Wortes, sondern auch Täter. In Markus 3,34-35 sagt Jesus: *»Und im Kreise umherblickend auf die um ihn her Sitzenden, spricht er: Siehe da, meine Mutter und meine Brüder; denn wer irgend den Willen Gottes tun wird, derselbe ist mein Bruder und meine Schwester und meine Mutter. Niemand ist näher bei Jesus als der, der seinen Willen tut!«*

Dieser Bibelleseplan hat pro Textabschnitt drei Fragen.

- Die erste Frage ist eine »Verständnisfrage« = Wie ist das zu verstehen?
- Die zweite Frage ist eine »Bedeutungsfrage« = Was ist damit gemeint, was bedeutet das?
- Die dritte ist eine »Anwendungsfrage« = Was soll ich tun?

Diese drei Fragearten sind ein gutes Grundmuster für das Studium eines Bibeltextes.

Nun lies in deiner Bibel den angegebenen Textabschnitt. Ich habe bei meiner Erarbeitung die Rev. Elberfelder Bibel benutzt. Du kannst sie auch benutzen oder auch eine andere Übersetzung verwenden.

Beschließe deine »Stille Zeit«, indem du dir einige Minuten Zeit zum Gebet nimmst (ca. 5 - 10 Minuten). Beim Bibellesen wirst du ins Staunen kommen über den Herrn Jesus. Bete ihn dafür an. Danke Gott für sein Reden zu dir. Sag ihm, was dir deutlich geworden ist und was du tun willst. Bitte ihn um Kraft zur Veränderung in deinem Leben. Bete für andere: deine Eltern, deine Geschwister, deine Freunde, Schulkamerad/en/innen, Kommiliton/en/innen, Kolleg/en/innen, die Regierung, die Ältesten deiner Gemeinde, Evangelisten, Missionare, Mission weltweit. Bete konkret!

Lies die Bibel und begegne Gott in seinem Wort!

Infos zum Markusevangelium

1. Wer ist der Schreiber des Markusevangeliums?

Wie bei allen anderen Evangelien auch ist der Schreiber aus dem Evangelientext nicht zu identifizieren. Kirchengeschichtliche Informationen helfen uns jedoch weiter.

Von Papias, er lebte um 100 n. Chr., erfahren wir, dass Markus das aufschrieb, was Petrus lehrte. Clemens von Alexandrien schreibt um das Jahr 150 n. Chr.: Markus habe auf Bitten römischer Hörer des Petrus geschrieben, der ihn (Markus) bei seinem Beginnen weder gehindert, noch freilich besonders ermuntert habe.

So wird das zweite Evangelium schon früh Johannes Markus zugeordnet. Er war ein Schüler von Paulus, später von Petrus. In gewisser Weise handelt es sich beim Markusevangelium um das »Petrus-Evangelium«, denn im Markusevangelium hören wir Petrus erzählen und lehren.

In folgenden Bibelstellen des NT begegnet uns Johannes Markus: Apg 12,12; Apg 12,25; Apg 13,5; Apg 13,13; Apg 15,37-39; 1Petr 5,13; Kol 4,10; Phim 23-24. Die schönste Bibelstelle über Johannes Markus ist seine letzte Erwähnung im NT. Paulus schreibt in 2Tim 4,11: *»Lukas ist allein bei mir. Nimm Markus und bringe ihn mit dir, denn er ist mir nützlich zum Dienst.«*

Johannes Markus stammt aus Jerusalem und ist Sohn der Maria, in deren Haus sich Christen der urchristlichen Gemeinde zum Beten trafen. Markus ist ein Vetter des Barnabas, eines Leviten, und gehört zum Reiseteam des Paulus und Barnabas auf der 1. Missionsreise. Dieses Team verlässt er aus Gründen, die nicht näher benannt werden. Er schließt sich Barnabas an, später findet man ihn als Mitarbeiter des Petrus, und wiederum später findet man ihn als Mitarbeiter des Paulus.

Es gibt kirchengeschichtliche Hinweise darauf, dass Johannes Markus in Ägypten Gemeinden gründete (die koptische Kirche verehrt ihn bis heute als ihren Kirchenvater). Der Geschichtsschreiber Nicephorus berichtet, dass Johannes Markus, nach einem Aufstand in Alexandrien starb.

2. Wer sind die Empfänger des Markusevangeliums?

Wie in den anderen Evangelien auch werden die Empfänger des Markusevangeliums nicht ausdrücklich genannt. Aus den obigen kirchengeschichtlichen Notizen von Papias und Clemens von Alexandrien geht hervor, dass die Christen in Rom die Empfänger des Markusevangeliums waren.

3. Was ist der Zweck des Markusevangeliums?

Der Zweck des Buches wird in Mk 1,1 und Mk 16,20 genannt:

Mk 1,1: *»Beginn der Ausbreitung der heilsamen Botschaft von Jesus Christus, dem Sohn Gottes.«*

Mk 16,20: *»Jene aber gingen aus und predigten überall, während der Herr mitwirkte und das Wort durch die darauf folgenden Zeichen bestätigte.«*

Es geht darum, wie das Evangelium möglichst effektiv und unverfälscht weitergetragen werden kann. Die optimale Weise, das Evangelium auszubreiten, ist es, Menschen zu Jüngern zu machen. So finden wir im Markusevangelium auf einzigartige Weise den Prozess beschrieben, wie der Herr Jesus Menschen zu Jüngern machte.

TAG 1
Textlese: Markus 1,1-20

Was ist das Anliegen von Johannes dem Täufer? (1,4.7.8)

Weshalb ist es für Jesus wichtig, dass bei seiner Taufe durch Johannes die Stimme Gottes aus dem Himmel kommt und sagt: *»Du bist mein geliebter Sohn, an dir habe ich Wohlgefallen gefunden!«*? (1,9-11)

Jesus möchte, dass jeder Christ ein Menschenfischer ist. Welche Dinge hindern dich daran, in deinem Umfeld (Schule, Beruf, Familie) als Menschenfischer zu leben?

TAG 2
Textlese: Markus 1,21-44

Worüber haben die Leute so sehr gestaunt? (1,22)

Hinter Jesus lag ein ereignisreicher und anstrengender Tag. Warum steht er frühmorgens auf, als es noch sehr dunkel ist, und sucht die Stille, das Gespräch mit Gott? (1,35.38)

Aussatz am Leib ist ein Bild für den Aussatz der Sünde, die uns Menschen von Gott trennt. Jesus will uns von diesem Aussatz der Sünde reinigen. Hast du das schon erfahren? Wenn JA, wie bzw. wann war das? Wenn NEIN, was hindert dich daran, Jesus in dein Leben einzuladen?

TAG 3
Textlese: Markus 2,1-17

Über was sind die Schriftgelehrten verärgert? (2,6.7)

Warum hat Jesus den Gelähmten nicht gleich geheilt, sondern ihm zunächst die Sünden vergeben?

Im Leben des Levi ist vieles schief gelaufen. Jesus will sein »Arzt« sein, der die Wunden an seiner Seele heilt. Welche Dinge aus der Vergangenheit sind es, die dir immer noch zu schaffen machen? Jesus ist auch dein »Seelen-Arzt«. Er will dich heilen.

TAG 4
Textlese: Markus 2,18-28

Jesus vergleicht sich mit dem »Bräutigam« und seine Jünger mit den »Hochzeitsgästen«. Freude ist angesagt, statt langer Gesichter. Was meint er mit »den Tagen, wo er von ihnen weggenommen sein wird«?

Jesus vergleicht seine »neue Lehre« mit »neuem Tuch« bzw. »neuem Wein«. Das »Neue« ist das »Evangelium«, das »Alte« ist das »Gesetz«. Warum verträgt sich das »Evangelium« nicht mit dem »Gesetz«?

Gott hat den Sabbat für den Menschen geschaffen und nicht den Menschen für den Sabbat. Das heißt, Gott hat etwas für uns getan, um uns zu segnen. Wir aber können nichts für Gott tun, um wohlgefällig oder passend vor ihm zu sein. Überlege, wo du durch eigene Anstrengungen versuchst, Gott zu gefallen.

TAG 5
Textlese: Markus 3,1-19

Was sind die Gründe, aus denen die Pharisäer Jesus umbringen wollten?

Jesus beruft zwölf, damit sie bei ihm seien. Weshalb ist es so wichtig, ganz nah bei ihm zu sein?

Wie kannst du heute bewusst seine Nähe suchen?

TAG 6
Textlese: Markus 3,20-35

Was könnte der Grund dafür sein, dass die Verwandten Jesu meinen: *»Er ist von Sinnen!«*?

Weshalb konnte das, was die Schriftgelehrten in Bezug auf Jesus taten und sagten, nicht folgenlos bleiben?

Wir sind »Angehörige von Jesu Familie« (= Jesus ganz nah), wenn wir Gottes Willen tun. Was bedeutet das heute für dich, Gottes Willen zu tun?

Tag 7
Textlese: Markus 4,1-20

Womit vergleicht Jesus das Wort Gottes und weshalb eignet sich dieser bildliche Vergleich dazu sehr gut? (4,20)

Inwiefern wirken *»Sorgen der Zeit, Betrug des Reichtum, Begierden nach den übrigen Dingen«* erstickend? Was ist damit gemeint? (4,19)

Unser ganzes geistliches Leben hängt daran, ob wir Gottes Wort gut und intensiv aufnehmen. Wie pflegst du deine Stille Zeit? Was würdest du gerne verbessern?

Tag 8
Textlese: Markus 4,21-34

Was bewirkt die Lampe, wenn sie an einem geeigneten Punkt im Zimmer platziert wird? (4,22)

Wachstum kann nur Gott schenken. Die Ernte jedoch muss der Bauer einbringen. Warum ist es wichtig, dass wir dieses Zusammenspiel lernen zwischen dem, was nur Gott tun kann, und dem, was wir tun müssen?

So ist Gott: Er kann aus etwas ganz Kleinem etwas ganz Großes machen. Angesichts welcher Aufgaben kommst du dir ganz klein vor? Bedenke, was Gott aus etwas ganz Kleinem machen kann!

Tag 9
Textlese: Markus 4,35-5,20

Warum haben die Jünger den Herrn Jesus nicht vorher um Hilfe gebeten? An welchen Punkt mussten sie erst kommen? (4,38)

Warum ist es den Menschen lieber, dass Jesus geht, als dass er bleibt und noch mehr Rettung bewirkt? (5,17.19)

Jesus will »Rettung« in alle Bereiche deines Lebens hineinbringen. An welchen Stellen fällt es dir schwer, Jesus dein ganzes Leben zu öffnen? Warum?

Tag 10
Textlese: Markus 5,21-43

Weshalb ist es erstaunlich, dass der jüdische Synagogenvorsteher Jairus mit seiner Not zu Jesus kommt? Um was bittet er? (5,29)

Jairus verliert alle Hoffnung, als die Nachricht kommt, dass seine Tochter gestorben ist. Worin wird die blutflüssige Frau Jairus zum Vorbild? Was zeichnet sie aus? (5,28)

In manchen Dingen hast auch du die Hoffnung verloren. Welche sind das? Was kannst du von der blutflüssigen Frau lernen?

Tag 11
Textlese: Markus 6,1-31

Was können Gründe dafür sein, dass die Leute in Nazareth sich über Jesus ärgern? (6,3)

Warum sollen die Jünger auf Brot, Tasche, Münze im Gürtel verzichten? Welche Erfahrungen kann der machen, der sich ganz auf Jesus verlässt?

Herodes hatte ein schlechtes Gewissen. Er wusste genau, was er tun sollte, tat es aber nicht, weil er vor seinen Gästen nicht das Gesicht verlieren wollte. Gibt es Situationen, in denen du auch dazu neigst, das zu tun, was die anderen wollen, und nicht das, was dein Gewissen dir sagt? Welche sind das?

Tag 12
Textlese: Markus 6,32-56

Die Menschen waren wie Schafe, die keinen Hirten haben. Was will Jesus damit sagen? Was passiert mit Schafen, wenn sie keinen Hirten haben?

Warum gibt Jesus den Jüngern den Auftrag, den Leuten etwas zu essen zu geben? Er weiß doch, dass sie nichts haben. Was will er ihnen mit diesem Auftrag und Wunder zeigen?

»5000 hungrige Menschen« könnten ein Bild sein für die »weltweit hungrigen Seelen ohne Gott«. Was könnten Christen tun, um vermehrt am großen Auftrag Jesu, der Weltmission, Anteil zu nehmen? Wofür willst du beten?

TAG 13

Textlese: Markus 7,1-23

Was verstehen die Pharisäer und Schriftgelehrten unter Verunreinigung? (7,3-5.15)

Weshalb ist die innere Verunreinigung viel gefährlicher als die äußere? (7,19.23)

Bei den bösen Gedanken nennt Jesus Unzucht an erster Stelle. Wie gehst du mit sexuell unreinen Gedanken um? Wie könntest du künftig Situationen vermeiden, in denen du immer wieder darauf stößt?

TAG 14

Textlese: Markus 7,24-37

Warum will Jesus der Frau zunächst nicht helfen? (7,27)

Was ist das Besondere an der Antwort der Frau? Was hat sie verstanden? (7,28.29)

Nur wer richtig hört, kann auch richtig reden! Was hindert dich daran »richtig zu hören«?

TAG 15
Textlese: Markus 8,1-21

Womit haben die Jünger schon wieder ein Problem (nach der Speisung der 5000)? (8,4-5)
Jesus warnt die Jünger vor dem Sauerteig (Sauerteig durchsäuert alles andere, ohne dass man etwas tun muss) der Pharisäer und des Herodes? Was könnte damit gemeint sein? (8,15)

Auch wir tun uns manchmal schwer zu verstehen, was Jesus von uns will. Woran könnte das bei dir liegen?

TAG 16
Textlese: Markus 8,22-38

Was ist das Anliegen der Leute? Weshalb bringen sie den Blinden zu Jesus?

Irgendwie sind die Jünger wie der Blinde: Sie sehen zwar schon etwas von Jesus, aber sie sehen noch nicht richtig klar. Wofür will Jesus ihnen die Augen öffnen? Was begreift Petrus auf einmal, und was wird das für ihn bedeutet haben? (8,29)

Man kann den »Preis der Nachfolge« auf zweierlei Weise verstehen: (1) Jesus verlangt unwahrscheinlich viel. (2) Wenn Jesus wirklich der Christus ist, dann will ich ihm nachfolgen mit allen Konsequenzen. Welchen der beiden Sichtweisen neigst du zu? Warum?

TAG 17
Textlese: Markus 9,1-13

Was mag Petrus durch den Kopf gehen, als er sagt: *»Lass uns drei Hütten bauen«*? (9,5.6)

Warum ist es so wichtig auf die Stimme des »geliebten Sohnes« zu hören? In welcher Gefahr stehen wir? (9,7)

Die Jünger verweisen auf das, was die Schriftgelehrten sagen. Jesus verweist auf das, was geschrieben steht. Wie solltest du lernen deine Bibel zu lesen?

TAG 18
Textlese: Markus 9,14-32

Warum können die Jünger dem Kind nicht helfen? (9,23.29)

Was ist das Geheimnis des Glaubenden? Wie denkt er über sich? Wie denkt er über Jesus? (9,24)

Was sind deine Gebetsanliegen? Könntest du dein Gebetsleben konkreter gestalten? Wie könntest du das tun?

TAG 19
Textlese: Markus 9,33-50

Nach welchen Kriterien werden die Jünger die Frage nach der Größe diskutiert haben?

Wie muss Johannes über sich und seine Rolle als Jünger gedacht haben, dass er hergeht und dem anderen verbietet, im Namen Jesu Dämonen auszutreiben? (9,38)

Hand = das, was ich haben will. Fuß = das, wo ich hin will. Auge = das, was mir gefällt. Mit welchen dieser drei Dinge hast du die meisten Probleme? Wo verleiten sie dich zur Sünde?

TAG 20
Textlese: Markus 10,1-16

Was haben die Pharisäer mit der Frage, die sie Jesus stellen, im Sinn?

Auch die Jünger sind Kinder ihrer Zeit. Dass man eine Frau (durch Scheidebrief) wieder los werden kann, war für jeden von ihnen klar. Welche Konsequenz hat Jesu Antwort für sie und ihre künftige Lebenspraxis?

Die Jünger sind gedanklich noch mit Jesu Antwort beschäftigt, da werden Kinder gebracht. Die Jünger fühlen sich in ihrem »Mit-Sich-Selbst-Beschäftigtsein« gestört, deshalb fahren sie sie an. Für wen hast du nur wenig Geduld? Wen trifft es zuerst, wenn du innerlich verärgert und geladen bist? Was kannst du von Jesus lernen?

TAG 21
Textlese: Markus 10,17-31

Was denkt der Mann in Bezug auf sich selbst und sein Leben? Wie schätzt er sich ein? (10,20)

Inwiefern steht irdischer Reichtum der Herrschaft Gottes (Reich Gottes) in unserem Leben hindernd entgegen? Was bewirkt Reichtum (leider) sehr oft in uns? (10,24.25)

Kannst du dir vorstellen auf Karriere, Erfolg und Reichtum zu verzichten? Was könnte dich dazu motivieren, dies zu tun? Was sagt Jesus über das »wahre Motiv«?

TAG 22
Textlese: Markus 10,32-52

Warum fürchten sich Jesu Nachfolger, als er seinen Weg Richtung Jerusalem einschlägt?

Zwei Jünger machen sich Gedanken über ihre künftige Position. Zehn andere reagieren mit Neid. Jesus dagegen sieht sich als Diener und nicht als einer, der bedient wird. Worin unterscheidet sich die Einstellung Jesu sowohl von den beiden, als auch von den zehn? (10,37.41-45)

Bartimäus ist der erstaunlichste blinde Bettler der Welt. Statt um Geld zu bitten, bittet er darum, sehend zu werden. Denk noch mal über die vorhergehende Frage nach (was beschäftigte die Jünger? - was beschäftigte Jesus?), und notiere, in Bezug auf welche Dinge du »sehend werden möchtest«.

TAG 23
Textlese: Markus 11,1-19

Was dachten die Leute, als Jesus auf dem Fohlen reitend in Jerusalem einzog?

Inwiefern könnte die Begebenheit um den Feigenbaum (gleichnishaft) etwas mit der vorangegangenen Geschichte (der König Jesus Christus kommt in den Tempel, aber niemand nimmt Notiz von ihm) zu tun haben?

Äußerlich betrachtet kamen alle zum Tempel, um Gott anzubeten. Innerlich gesehen ging es zu wie auf dem Jahrmarkt. Eigene Interessen und Geschäftemachen standen im Vordergrund. Gibt es, wenn du die Gemeindezusammenkünfte besuchst, bei dir auch schon mal einen großen Unterschied zwischen äußerer und innerer Haltung? Inwiefern?

TAG 24
Textlese: Markus 11,20-33

Woran musste Petrus automatisch denken, als er den verdorrten Feigenbaum sah? (Siehe Frage 2 der gestrigen Andacht.)

Der größte »Berg« befand sich im Herzen der Jünger: der »Berg der Enttäuschung«. Enttäuscht darüber, dass die Hohenpriester Jesus nicht als König erkannten. Was könnten die 3 Aussagen in Vers 22-24 für einen enttäuschten Jünger bedeuten?

Wie verhalten sich Menschen, wenn sie genau wissen, was Sache ist, es aber nicht zugeben wollen? Und wie verhältst du dich?

TAG 25
Textlese: Markus 12,1-27

Was versprachen sich die Knechte des Weingärtners davon, dass sie den Sohn des Weingärtners töteten?

Was bedeutet es, wenn Jesus sagt: »Gebt dem Kaiser, was des Kaisers ist, und Gott, was Gottes ist.« Welche Dinge kann der Staat beanspruchen und welchen Anspruch hat Gott an unser Leben?

Die Sadduzäer glaubten nicht daran, dass es »Auferstehung und ewiges Leben« gibt. Wer nicht an Ewigkeit glaubt, der lebt irdisch. Welche Rolle spielt die Ewigkeit und das ewige Leben für dein Leben im Hier und Heute und in deinem Alltag?

TAG 26
Textlese: Markus 12,28-44

Welche 2 Dinge betont Jesus in seiner Antwort an den Schriftgelehrten? (12,29.30)

Warum warnt Jesus vor dem Auftreten und Verhalten der Schriftgelehrten? Wo liegt das Problem zwischen Schein und Sein? (12,38-40)

Geben, spenden, opfern - worauf kommt es an? Welchen Stellenwert hat Gottes Gemeinde und der Bau seines Reiches in deinem »Finanzhaushalt«?

TAG 27
Textlese: Markus 13,1-23

Was wollten die Jünger damit sagen, als sie Jesus auf die großen Steine des Tempels und auf das große Gebäude hinwiesen? 13,1

Jesus will deutlich machen: »Was auch geschehen mag, die Verkündigung und Ausbreitung des Evangeliums muss oberste Priorität behalten.« In welchen Konflikt kann das die Gläubigen bringen? (13,9-13.21-23)

Wie kannst du dich vor Verführung schützen? Wovon solltest du dich nicht ablenken lassen? Was ist der wirksamste Schutz gegen Verführung?

TAG 28
Textlese: Markus 13,24-37

Was ist das Erste was Jesus Christus tun wird, wenn er als König sichtbar auf diese Erde kommen wird? (13,27)

Was bedeutet es für das Leben eines Christen, dass Gottes Wort beständiger ist als Himmel und Erde? 13,31

Immer wieder betont Jesus: Seid wachsam! Lasst euch nicht verführen. Wo läufst du Gefahr, dich ablenken zu lassen?

TAG 29
Textlese: Markus 14,1-31

Was will die Frau mit dieser Salbung zum Ausdruck bringen? 14,3+4

Womit vergleicht Jesus das Brot und womit den Kelch? Was bedeutet das für ihn? 14,22-24
Petrus meint es sehr ernst. Er hat gute Vorsätze und schafft es letztendlich nicht, sie in die Tat umzusetzen. Wie geht es dir in Bezug auf dein Verhältnis zu Jesus?

TAG 30
Textlese: Markus 14,32-52

Warum fordert Jesus die Jünger wiederholt auf: *Wacht!* Was meint er damit?

Jesus nimmt sich viel Zeit zum Gebet. Es ist kämpfendes Gebet. Wozu hat Jesus sich am Ende dieses Gebets »durchgerungen«? (14,36.41b.42)

Jetzt galt's, sich zu Jesus zu bekennen! Sterben wollten sie mit ihm. Stattdessen fliehen alle! Ist es dir auch schon so gegangen, dass du wolltest und stattdessen gekniffen hast? Wie fühltest du dich hinterher?

TAG 31

Textlese: Markus 14,53-72

Weshalb geht Petrus Jesus bis in den Hof des Hohenpriesters nach? Was will er dort? 14,54

Zunächst schweigt Jesus, dann redet er. Wozu schweigt er? Warum? Wann macht er seinen Mund auf? Wieso? 14,61-62

Petrus verleugnet Jesus. Das ist schlimm, aber noch heftiger ist: Es kommt alles genau so, wie Jesus es vorher gesagt hatte: *»Ihr werdet euch alle an mir ärgern! Ehe der Hahn zweimal kräht, wirst du mich dreimal verleugnen!«* An welchen Punkt müssen Jünger Jesu kommen, um brauchbar zu werden für Gott?

TAG 32

Textlese: Markus 15,1-21

Wie lautet offensichtlich die Anklage gegen Jesus, die die Hohenpriester in dem Beschluss formuliert haben? 15,1-2

Wer ist Barabbas? Was hatte er getan? Vergleiche ihn mit Jesus! Was hatte Jesus getan? Was muss das für den Herrn Jesus bedeutet haben, dass man Barabbas will und nicht ihn? (15,7)

Der König Jesus Christus lässt sich verspotten und erniedrigen. Rohe Soldaten zeigen keinerlei Mitgefühl. Warum hat Jesus sich das bieten lassen? Warum machte er keinen Gebrauch von seiner königlichen, göttlichen Macht?

TAG 33

Textlese: Markus 15,22-38

Warum nimmt Jesus nichts von dem mit Myrrhe vermischten Wein (diente zur Betäubung)? (15,36)

Welche von diesen Schmähungen findest du am gemeinsten? Warum?

Der römische Hauptmann wird schon viele Kreuzigungen erlebt haben. Was könnte ihn an dieser Kreuzigung so beeindruckt haben, dass er zu der Erkenntnis kommt: Dieser Mensch war Gottes Sohn? (15,39)

TAG 34

Textlese: Markus 15,40-16,20

Weshalb gehört Mut zu dem, was Joseph von Arimathäa und die Frauen tun?

Was könnte die Erklärung dafür sein, dass die Frauen zur Gruft gehen, um Jesus zu salben, obwohl sie doch wussten, dass das Grab durch einen schweren Stein verschlossen war?

Die Jünger bekommen von verschiedenen Seiten die Nachricht: Jesus ist auferstanden! Warum können sie es nicht glauben?

Gilt dieser Auftrag, das Evangelium der ganzen Schöpfung zu predigen, heute auch noch? Wie kannst du diesem Auftrag gehorsam sein? Was willst du tun?

Notizen

JESUS-BASICS

Freunde

Geld

Verabredungen

beliebt sein

Sex

Sport

Schule

Partys

Ansehen

Klamotten

Musik

**Wem es darum geht,
der wird Enttäuschungen erleben.
Aber worin kann man denn einen Sinn
fürs Leben finden?**

TATSACHE NR. 1

Gott liebt uns und hat uns geschaffen, damit wir ihn kennenlernen

Gott liebt uns.

Jesus sagte: *»Denn so hat Gott die Welt geliebt, dass er seinen eingeborenen Sohn gab, damit jeder, der an ihn glaubt, nicht verloren geht, sondern ewiges Leben hat«* (Johannes 3,16).

Gott hat uns geschaffen.

Wir lesen in der Bibel: *»Denn du* [Gott] *bildetest meine Nieren. Du wobst mich in meiner Mutter Leib«* (Psalm 139,13).

Gott möchte, dass wir ihn kennenlernen

Gottes Wort sagt: *»Dies aber ist das ewige Leben, dass sie dich, den allein wahren Gott, und den du gesandt hast, Jesus Christus, erkennen«* (Johannes 17,3).

Menschen

Sünde
Tod
Gericht

Gott

liebt uns
hat uns geschaffen
möchte, dass wir ihn kennenlernen

Wenn Tatsache Nr. 1 wahr ist - warum kennen dann so viele Menschen Gott noch nicht?

TATSACHE NR. 2

Unsere Sünde hält uns davon ab Gott kennenzulernen.

Manche Leute denken, dass Sünde sich Betrinken oder Lügen ist. Das ist richtig. Aber Sünde beinhaltet viel mehr.

Was ist Sünde?

Sünde ist unsere Entscheidung, Gott ungehorsam zu sein und unsere eigenen Wege zu gehen. *»Wir alle irrten umher wie Schafe, wir wandten uns jeder auf seinen eigenen Weg«* (Jesaja 53,6).

Wer hat gesündigt?

Jeder. In der Bibel steht: *»Alle haben gesündigt und erlangen nicht die Herrlichkeit Gottes«* (Römer 3,23).

Was passiert, wenn wir sündigen?

Sünde hat die Trennung von Gott zur Folge. Sie führt zum Tod und zum Gericht: *»Der Lohn der Sünde ist der Tod«* (Römer 6,23a), und: *»Und wie es den Menschen bestimmt ist, einmal zu sterben, danach aber das Gericht«* (Hebräer 9,27).

Solange uns die Sünde von Gott trennt, können wir ihn nicht kennenlernen.

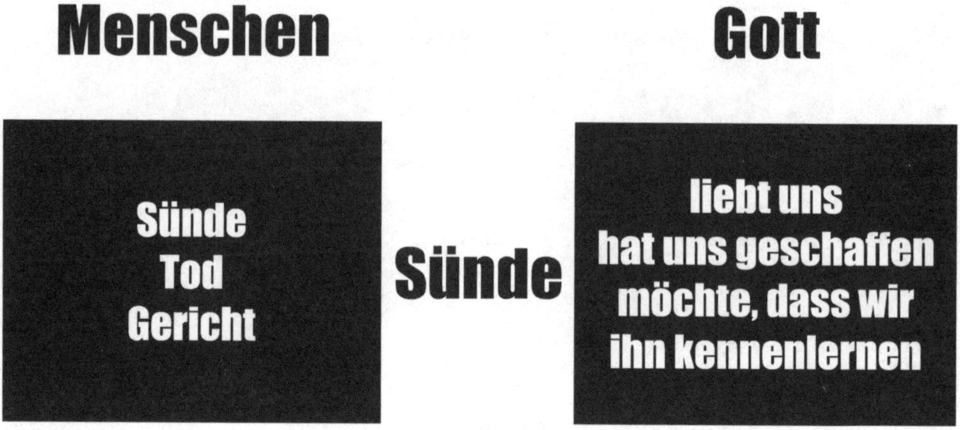

Was also ist die Lösung gegen unsere Trennung von Gott?

TATSACHE NR. 3

3 Wir können Gott nur durch Jesus Christus kennenlernen.

Jesus Christus ist die einzige Lösung für unser Sündenproblem.

Jesus starb für unsere Sünden.

»Gott aber erweist seine Liebe zu uns darin, dass Christus, als wir noch Sünder waren, für uns gestorben ist« (Römer 5,8).

Jesus erstand von den Toten, um uns Leben zu geben.

»... damit, wie Christus aus den Toten auferweckt worden ist durch die Herrlichkeit des Vaters, so auch wir in Neuheit des Lebens wandeln« (Römer 6,4).

Jesus hat uns den Weg dafür freigemacht Gott kennenzulernen.

Leben, Tod und Auferstehung von Jesus Christus sind die Brücke von uns zu Gott.

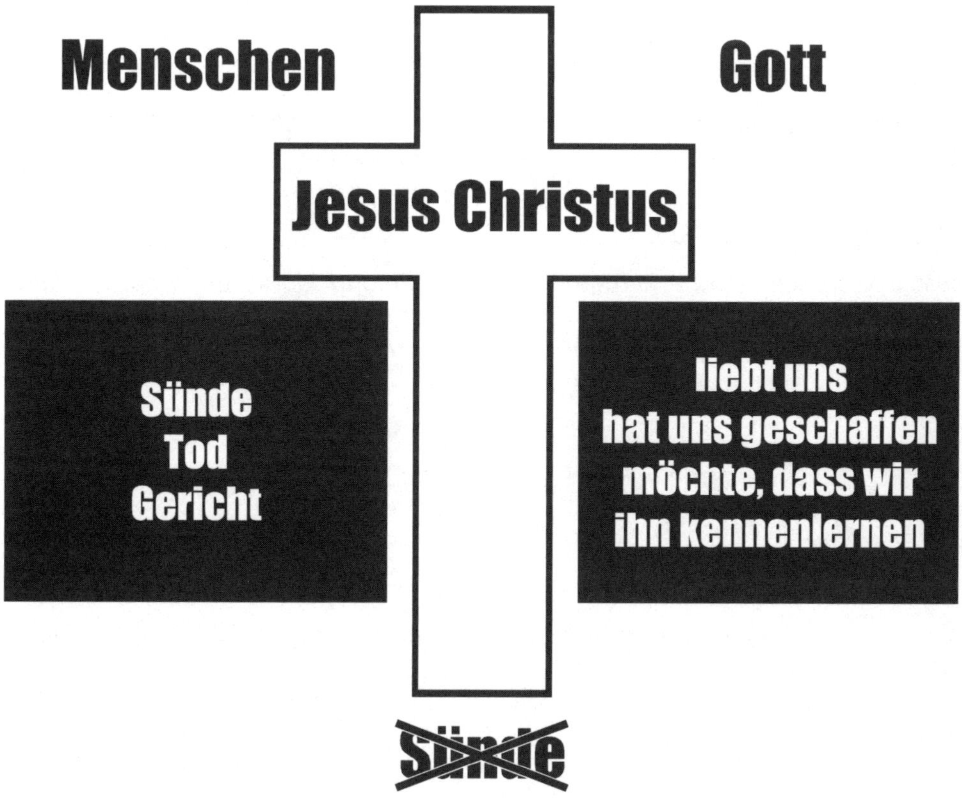

TATSACHE NR. 4

4 Um Jesus kennenzulernen, müssen wir ihn annehmen.

Viele Menschen wissen das ein oder andere über Gott, kennen ihn aber nicht persönlich. Der einzige Weg, um Gott persönlich kennenzulernen, ist es, Jesus Christus anzunehmen.Wie können wir ihn annehmen?

Wende dich von der Sünde ab.

Jesus sagte: *»Die Zeit ist erfüllt ... Tut Buße und glaubt an das Evangelium!«* (Markus 1,15). »Buße tun« bedeutet, sich von der Sünde abzuwenden.

Glaube an Jesus.

»Glaube an den Herrn Jesus, und du wirst errettet werden« (Apostelgeschichte 16,31). »Glauben« bedeutet, sich Jesus zuzuwenden.

Antworte Jesus.

Jesus versprach: *»Siehe, ich stehe an der Tür und klopfe an; wenn jemand meine Stimme hört und die Tür öffnet, zu dem werde ich hineingehen und mit ihm essen, und er mit mir«* (Offenbarung 3,20).

Für welchen Weg entscheidest du dich?

Gibt es irgendeinen vernünftigen Grund, warum du Jesus Christus nicht jetzt annehmen kannst?

Du kannst dich von der Sünde abwenden und Jesus bitten, in dein Leben zu kommen. Du nimmst Jesus in dein Leben auf, indem du zu ihm betest.

Gebet ist einfach Reden mit Gott. Er wird dein Gebet hören. Kannst du dieses Gebet aufrichtig zu Gott sprechen?

Stehst du hier ... oder hier?

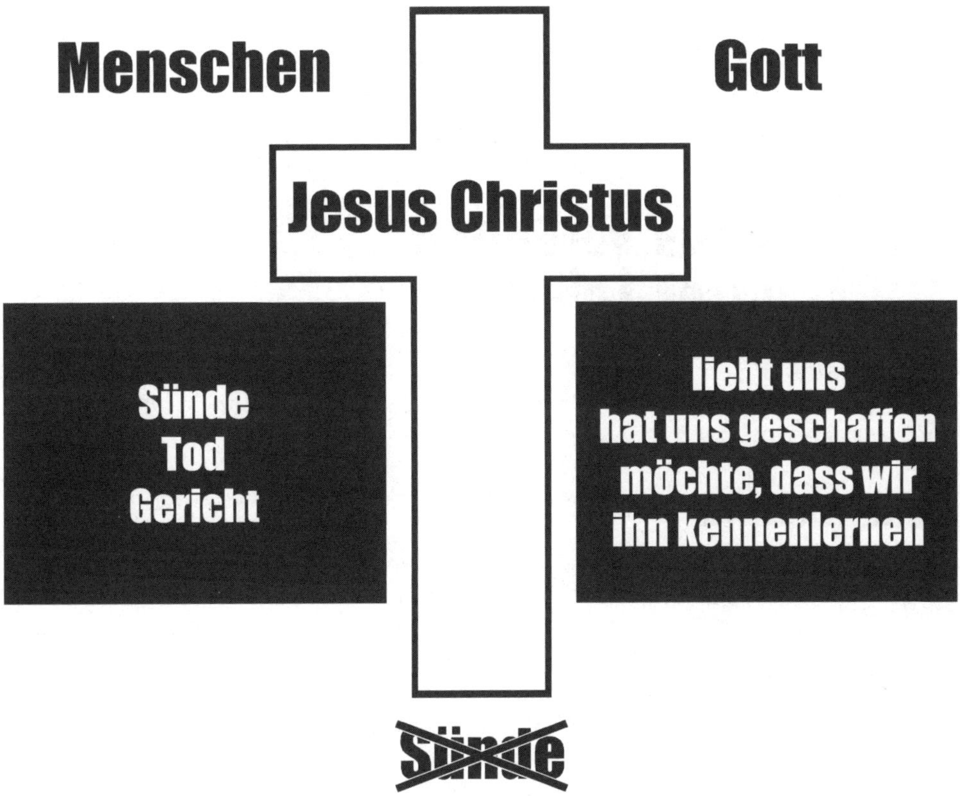

»Vater im Himmel, ich weiß, dass du mich geschaffen hast. Du liebst mich und möchtest, dass ich dich kennenlerne. Meine Sünde hat mich davon abgehalten dich kennenzulernen. Ich wende mich von meiner Sünde ab. Ich nehme Jesus Christus in mein Leben auf. Er ist zur Vergebung meiner Sünden gestorben und auferstanden von den Toten, um in mir zu leben. In Jesu Namen, Amen.«

Was passiert jetzt, nachdem du Jesus Christus angenommen hast?

TATSACHE NR. 5

Jesus verändert unser Leben.

Jesus Christus in sein Leben aufzunehmen, ist erst der Anfang. Wenn er in unser Leben kommt, wird es viele Veränderungen geben - einige sofort, andere nach und nach.

Neue Identität

»Wenn jemand in Christus ist, so ist er eine neue Schöpfung; das Alte ist vergangen, siehe, Neues ist geworden« (2. Korinther 5,17).

Vergebung

»So fern der Osten ist vom Westen, hat er von uns entfernt unsere Vergehen [Sünde und Schuld]*«* (Psalm 103,12).

Liebe

»Wir lieben, weil er uns zuerst geliebt hat« (1. Johannes 4,19).

Freiheit

»Wenn nun der Sohn euch frei machen wird, so werdet ihr wirklich frei sein« (Johannes 8,36).

Zuversicht

»Geliebte, wenn das Herz uns nicht verurteilt, haben wir Freimütigkeit zu Gott, und was immer wir bitten, empfangen wir von ihm, weil wir seine Gebote halten und das vor ihm Wohlgefällige tun« (1. Johannes 3,21-22)

Sieg über Versuchung

»Keine Versuchung hat euch ergriffen als nur eine menschliche; Gott aber ist treu, der nicht zulassen wird, dass ihr über euer Vermögen versucht werdet, sondern mit der Versuchung auch den Ausgang schaffen wird, so dass ihr sie ertragen könnt« (1. Korinther 10,13)

Führung

»Vertraue auf den HERRN mit deinem ganzen Herzen und stütze dich nicht auf deinen Verstand! Auf all deinen Wegen erkenne nur ihn, dann ebnet er selbst deine Pfade!« (Sprüche 3,5-6).

Nichts ist so, wie Jesus zu kennen!

TATSACHE NR. 6

Je besser wir Jesus kennenlernen, desto mehr reifen wir im Glauben.

Du hast jetzt eine Beziehung mit Jesus Christus angefangen. Wie kannst du in dieser Beziehung wachsen?

Verbringe täglich Zeit im Gebet (Philipper 4,6).

- [ ] Ich werde jeden Tag fünf Minuten beten.

Studiere täglich Gottes Wort (2. Timotheus 3,16).

- [ ] Ich werde jeden Tag ein Kapitel in der Bibel lesen. Ich fange mit dem Markus-Evangelium an.

Ordne dich Gott beständig unter (Jakobus 1,22).

- ❑ Ich werde Gott gehorchen, wann immer mir sein Wille bewusst wird. So bald wie möglich will ich mich taufen lassen (Apostelgeschichte 2,38).

Suche eine Gemeinde (Hebräer 10,24-25)

- ❑ Ich will mich einer Gemeinde anschließen, die Jesus biblisch und klar verkündet.

Erzähle anderen von Jesus (Römer 1,16)

- ❑ Ich werde noch diese Wochen meiner Familie und meinen besten Freunden von meiner neuen Beziehung mit Jesus Christus erzählen.

Suche Jesus völlig (Johannes 5,22-23)

- ❑ Ich werde auf Jesus sehen, damit er täglich mein Denken und Handeln verändert.

Du wirst jetzt das Gefühl haben, dass du einiges zu lernen hast. Das »Jesus Starter Kit« hilft dir dabei, erste Schritte in der Nachfolge Jesu zu gehen.